AF249461

# FACULTÉ DE DROIT DE TOULOUSE.

# THÈSE PUBLIQUE

POUR

# L'ACTE DE LICENCE,

SOUTENUE

## PAR M. DE FOURNAS
( AMÉDÉE ).

NÉ A CARCASSONNE ( AUDE );

La force ne constitue aucun droit.
( Vicomte DE CUNNY , *Chambre des Députés.*
— Août 1830).

## JUS ROMANUM.

TIT. VII. — LIB. II. — *De Donationibus.*

Donatio definiri potest : mera liberalitas in accipientem collata.

Duo distinguntur species donationis, quæ sunt : 1º mortis causâ donatio ; 2° donatio inter vivos , de quibus singulis regulæ ordine methodico exponendæ sunt ( ad prin. nostri tituli ).

## Caput I.

*De Donatione mortis causâ.* ( §. 1. *nostri tituli.* )

Definitur hæc species donationis : mera liberalitas propter mortis suspicionem in instrumento expressam facta , et quæ revocari potest.

Tres ergò requiruntur conditiones ad validitatem donationis mortis causâ : 1° ut facta sit propter mortis suspicionem ; 2° ut hæc suspicio in instrumento exprimatur ; 3° ut revocari possit.

Variæ fuerunt formalitates donationum , secundum varia legislationis tempora. — Antiquo jure, requirebantur formalitates quibus contractus innominati perficiebantur , quia plerique sicut contractus illas considerabant. — Sub Constantino, plures solemnitates necessariæ fuerunt: 1° instrumentum scriptum; 2° traditio coram testibus vel vicinis instrumentum scriptum cognoscentibus ; 3° insinuatio, id est instrumenti in libris publicis inscriptio. — Sub Theodosio , insinuatio tantùm necessaria fuit in donationibus quæ ducentos solidos superabant. — Tandem , sub Justiniano, quinquè testium adhibitio sola fuit solemnitas necessaria ad validitatem hujus donationis.

Duo distinguntur species donationis mortis causâ : 1° illa quæ fit cùm quis ità donat, propter mortis periculum, ut statim res fiat accipientis ; 2° illa quæ fit cùm quis donat, propter mortis suspicionem , non ità ut res statim fiat accipientis, sed tùm demùm si mors fuerit insecuta.

Pluribus modis revocabantur hæ duo species donationis mortis causâ. — Prima species tribus modis revocabatur : 1° si periculo donator supervixerit; 2° si donatorem pœnituerit; 3° si donata rius ante illum decesserit. — Secunda species iisdem tribus modis revocabatur , cùm propter periculum imminentem facta fuerat. Si verò tantum propter mortis cogitationem , duobus modis revocabatur : 1° si donatorem pœnituerit ; 2° si donatarius antè illum decesserit.

Quædam similia habebat mortis causâ donatio cum legatis et donationibus inter vivos; in quibusdam quoque differebat.

## Caput II.

### De Donatione inter vivos.

Donatio inter vivos est illa quæ fit sinè ullâ mortis contemplatione expressâ.

Triplex distinguebatur : 1° donatio inter vivos propriè dicta ; 2° donatio nuptiarum causâ ; 3° quædam alia specialis donatio , de quâ in §. 4 nostri tituli loquitur.

### §. 1.

### De Donatione inter vivos propriè dictâ.

Hæc donationis species definiri solet : liberalitas irrevocabilis quæ fit sinè ullâ mortis contemplatione.

Formalitate ejus donationis eœdem fuerunt , antè Justinianum , quam mortis causâ donationum. — Sub Justiniano, scriptura non necesseria fuit ut plenissimum robur haberent, sed tantùm insinuatio exigebatur , cùm quingentos solidos superarent. Erant tamen quædam donationes inter vivos quæ insinuatione non indigebant ( §. 2, nostri tituli ), scilicet quæ propter redemptionem captivorum vel reædificationem œdium factæ, et quæ ab imperatore vel imperatori factæ erant.

Propter triplicem causam revocari poterat hæc species donatio-

( 4 )

nis : 1º propter ingratitudinem donatarii, cujus quinquè causæ in
lege 10. C. de rev. don. enumerantur ; 2º propter liberorum
donatori, qui nullos habebat tempore donationis, supervenien-
tiam ; 3º propter inoptemperationem conditionibus instrumento
impositis.

In quibusdam conveniebat donatio inter vivos cum mortis caus
donatione, in pluribus autem differebat. Scilicet, quoad causam
quoad necessitatem insinuationis et quoad effectus.

§. 2.

*De Donatione propter Nuptias.*

Definitur hæc donatio : illa quæ maritus uxori vel sponsus
sponsæ faciebat, in securitatem dotis.

Secundùm varia legislationis tempora variæ fuerunt ejus donationis regulæ. — In primis, antè nuptias tantùm fieri, quia tunc
tantùm constitui dos, permittebantur. — Temporibus Justini, post
nuptias sicut et dos hæc donatio augeri potuit quapropter vocata
fuit, *post nuptias donatio*. — Sub Justiniano, non solum post nuptias augeri potuit, sed etiam constitui, quià et dos post nuptias
constitui permissum fuit. Idcircò Justinianus illam *propter nuptias*
vocavit.

Videamus præcipuos hujus donationis effectus. — Si maritus
dotem non restituebat, mulier donationem retinebat. — Si marito
superviventi mulier partem dotis dederat, hæc supervivens donationis partem æqualem retinebat.

§. 3.

Est quoque alia species donationis inter vivos, quæ tacita erat,
de quâ in §. 4 nostri tituli loquitur. A Justiniano abrogata fuit.

# CODE CIVIL.

### Liv. I<sup>er</sup>. — Titre Préliminaire.

## *De la Publication des Effets et de l'application des Lois en général.*

On peut définir le droit, l'ensemble des principes ou des lois d'après lesquelles doivent être décidées les contestations. On distingue plusieurs espèces de droit privé : le droit naturel, le droit des gens, et le droit civil, duquel seul nous avons à nous occuper.

La loi, en France, est l'expression des besoins ou des intérêts de la nation, que sa volonté réunie, avec celle du souverain, rend également obligatoire pour tous.

Trois choses concourent, en France, à la formation de la loi : la proposition qui en est faite par le Roi ou par l'une des deux chambres, son adoption par les deux chambres, la sanction du Roi.

On distingue les lois : 1° en impératives, prohibitives et falcultatives ; 2° en personnelles et réelles.

La jurisprudence est l'habitude pratique de bien interpréter les lois et de les appliquer aux différens cas qui se présentent,

## I.

### *De la Publication des Lois.*

La loi faite par le concours des trois pouvoirs législatifs n'est obligatoire pour les citoyens qu'autant qu'elle a été promulguée par le Roi.

La promulgation est donc le moyen employé pour rendre les lois connues des citoyens.

D'après l'article 37 de la constitution de l'an VIII, sous l'empire de laquelle le code a été publié, le pouvoir exécutif ne promulguait la loi que le dixième jour après l'émission du décret qui la créait.

La charte n'ayant point renouvelé les dispositions de la loi de l'an 8, il s'ensuit que la promulgation faite par le Roi est censée connue un jour après celui de la promulgation augmenté d'autant de jours qu'il y a de fois 10 myriamètres entre la ville ou la promulgation a été faite, et le chef-lieu de chaque département (Art. 1er Cod. C.).

Une ordonnance du 27 novembre 1816 fait résulter la promulgation de l'insertion au bulletin officiel, et du dépôt du bulletin des lois à la chancellerie.

Ce mode de promulgation, réglé par l'art. 1er du code et par l'ordonnance ci-dessus, est extrêmement vicieux.

## II.

### De l'Effet des Lois.

Les lois n'ont point d'effet rétroactif (Art. 2 Cod. C.); ce qui ne s'applique pas aux lois interprétatives qui s'identifient avec celles dont elles expliquent les dispositions. La capacité des personnes et le mode de procéder se règle d'après la loi existante.

Les lois de police et de sûreté obligent tous ceux qui habitent, même accidentellement, en France. Il en est autrement de celles qui régissent l'état et la capacité des personnes. A l'égard des biens, les immeubles sont régis par la loi française et les meubles par la loi du domicile auquel ils appartiennent. La forme des actes passés en France est régie par la loi française d'après la maxime : *locus regit actum*.

III.

### *De l'Application des Lois.*

Les tribunaux ne peuvent se refuser de juger sans prétexte du silence, de l'obscurité ou de l'insuffisance de la loi. Ils ne peuvent non plus prononcer par loi réglementaire (4, 5 Cod. C.).

Chacun peut renoncer aux avantages qui résultent pour lui de la loi. Il en est autrement à l'égard des lois qui intéressent l'ordre public et les bonnes mœurs (6).

### Livre i. — *Des Personnes.*

### Tit. 1er. — *Jouissance et Privation des droits Civils.*

On appelle droit civil l'ensemble des facultés et avantages que la loi civile attribue aux personnes. Ils sont indépendans des droits politiques. Nous parlerons : 1° de la jouissance de ces droits ; 2° de leur privation.

### CHAPITRE Ier.

### *Jouissance des Droits Civils.*

Tout français à la jouissance des droits civils (8 Cod. C.).

La qualité de français s'acquiert par la naissance ou par la naturalisation. — L'enfant né d'un français est toujours français quelque soit le lieu de sa naissance. — La femme qui épouse un français, devient française comme son mari (12 Cod. C.). L'étranger acquiert le titre de français par les grandes lettres de naturalisation (Ord. du 4 juin 1814). L'enfant né en France, d'un étranger, n'a pas besoin de ces lettres pour devenir français (Art. 9 Cod. C. etc.).

L'étranger peut aussi avoir la jouissance des droits civils, en France, ou de certains de ces droits, selon qu'il a obtenu l'autorisation d'établir son domicile en France, ou que les traités avec son pays lui accordent cette faveur (11, 13 Cod. C., loi du 14 juillet 1819).

L'étranger peut toujours être cité devant les tribunaux français par un français (14 et 15 Cod. C.). Il peut être contraint de donner la caution *judicatum solvi* toutes les fois qu'il intente une action contre un français (16 Cod. C., 166 Pro.).

## CHAPITRE II.

### De la Privation des Droits Civils.

### SECTION I.

#### De la Privation des Droits Civils par la perte de la qualité de francais.

Les articles 17 et 19 nous apprennent dans quels cas se perd la qualité de français.

Le français qui a perdu cette qualité peut la recouvrer au moyen des conditions faciles imposées par les articles 18 et 19. La loi est plus sévère à l'égard de celui qui a perdu cette qualité, en changeant de drapeau sans permission du Roi (21 Cod. C., décret du 26 août 1811).

## Section II.

*De la Privation des Droits Civils par suite de condamnations judiciaires.*

La mort civile peut être définie : l'état d'un individu qui par suite d'une condamnation est privé de toute participation aux droits civils et politiques. Les articles 23 et 24 indiquent quelles sont les peines desquelles la mort civile est une conséquence.

Les droits dont la mort civile emporte la privation sont énumérés dans l'article 25, dont les dispositions ne sont pas limitatives.

Cet article ne défend pas au mort civilement d'acquérir, mais à sa mort, ses biens appartiennent à l'état par droit de deshérence. Il est cependant loisible au Roi de faire au profit de la veuve et des enfans du condamné, telles dispositions qu'il jugera convenable (33 Cod. C.).

La mort civile commence à l'instant de l'exécution réelle ou par effigie (26), dans les condamnations contradictoires, et 5 ans après, dans les condamnations par contumace.

L'acquittement du contumace fait cesser la mort civile dès l'intant de la comparution en justice. La prescription de la peine ne produit pas le même effet (32).

# CODE DE PROCÉDURE CIVILE.

## Tit. xx. — Liv. ii.

### *Du Renvoi à un autre Tribunal pour parenté ou alliance.*

Il était à craindre que les liens de parenté ou d'alliance, existant entre les plaideurs et les juges, n'exerçassent une influence sur la décision de ceux-ci ; la loi a donc dû permettre, dans ce cas, la demande en renvoi devant un autre tribunal.

L'art. 368 indique dans quels cas il y a lieu à demander le renvoi ; nous pensons que la parenté ou alliance du juge-suppléant, ou du ministère public avec une des parties, ne peut servir de prétexte à une pareille demande.

Cette demande doit être présentée avant le commencement des plaidoiries, et, si l'affaire est en rapport, avant l'expiration des délais pour l'instruction ( 369 Pro. ).

Le renvoi se propose par un acte au greffe, signé de la partie ou de son fondé de procuration, spéciale et authentique ( 370 Pro. ). L'assistance d'un avoué est nécessaire ( 92 Tarif ).

Sur la remise faite au tribunal, par le greffier, d'une expédition de cet acte et des pièces justificatives, le tribunal rend un jugement ordonnant : 1° communication aux juges à raison desquels le renvoi est demandé ; 2° la communication au ministère public ; 3° le rapport à jour fixé par un juge désigné par ledit jugement ( 371 Proc. ). — Ce jugement doit être communiqué aux juges, qui ont donné occasion à la demande en renvoi, par une déclaration au greffe et non par exploit.

Le jugement ne doit être signifié à partie qu'après la réponse des juges au bas de l'expédition du jugement et avec ces réponses ( 372 Proc.).

La preuve de la parenté et alliance peut être faite par écrit ou par témoins (373 et 389 Cod. Proc.).

Si le renvoi est prononcé dans un tribunal de première instance, l'affaire est portée à l'un des autres tribunaux ressortissant de la même cour royale que celui qui a ordonné le renvoi, ou à l'une des trois cours royales les plus voisines, si c'est dans une cour royale ( 373 Proc. ).

L'appel de ce jugement est suspensif, et doit être fait dans les cinq jours du jugement ( 376, 392 Proc. ).

Lorsque le jugement de renvoi est passé en force de chose jugée, ou que l'appel a été rejeté, la cause est portée devant le tribunal désigné, par un simple exploit ( 375 Proc. ).

Si la demande en renvoi est repoussée, celui qui succombe est condamné à une amende de 50 francs au moins, et la partie adverse peut obtenir des dommages-intérêts ( 374 Proc. ).

# CODE DE COMMERCE.

## Tit. v. — Liv. i.

### *Des Bourses de Commerce. — Des Agens de Changes et Courtiers.*

#### Section I.

##### *Des Bourses de Commerce.*

La Bourse est la réunion qui a lieu sous l'autorité du Roi, des commerçans, capitaines de navire, agens de changes et courtiers (74 Com.).

Ces réunions procurent d'immenses avantages; en effet, un grand nombre d'affaires ne peuvent se traiter dans les foires et marchés, et la voie des journaux et des annonces ne suffiraient pas aux besoins du commerce.

Les Bourses mettent les négocians en présence. Les cours des marchandises, assurances, frêt et nolis y sont déterminés de manière à éviter les surprises. Elles éclairent sur le crédit que mérite chaque maison de commerce par le genre d'opérations auxquelles elle se livre.

Elles étaient connues à Rome, sous le nom de *Collegium mercatorum*. Elles furent établies à Paris, par arrêt du conseil du 24 septembre 1724; changées en club pendant la révolution, les Bourses furent recrées et organisées par la loi du 28 ventôse an 9.

Toutes personnes ont entrée à la Bourse sauf le failli (614 Com.), et les femmes, qu'un réglement de police en a exclu depuis quelques mois.

Il se fait à la Bourse tout espèce d'opérations commerciales, même des **achats** et ventes fictives, malgré la prohibition de la loi.

Des réglemens spéciaux règlent les formalités des opérations qui se font à la Bourse, par l'intermédiaire des agens de changes et courtiers.

## Section II.

### Des Agens de Changes et des Courtiers.

On appelle ainsi les agens intermédiaires par l'entremise desquels se font les opérations commerciales.

Leurs charges abolies en 1792, furent rétablies en l'an 9.

Nous examinerons: 1° Les règles communes aux agens de changes et courtiers; 2° Les règles spéciales à chacun d'eux.

( 13 )

§ 1.

*Règles Communes.*

Dans les villes où il y a des Bourses de commerce, les agens
de changes et courtiers doivent être nommés par le Roi (75 Com.).
Cette formalité est inutile dans les autres villes.

Pour pouvoir être agent de change ou courtier, il faut avoir été
banquier ou négociant, ou bien avoir travaillé 4 ans chez un négociant ou banquier.

Tout le monde peut être courtier et agent de change, sauf le
failli non réhabilité (83); celui qui a fait cession de biens, l'agent
de change ou courtier qui a été destitué (88), et celui qui ne jouit
pas de ses droits de citoyen, tels que le mineur et l'étranger.

Ils doivent consigner toutes les conditions des opérations faites
par leur ministère, dans un livre revêtu de toutes les formes des livres
des commerçans (84 Com.). Ce livre régulièrement tenu fait preuve
pleine et entière de ces conditions. Il peut servir de commencement de preuve par écrit, pour faire admettre la preuve par témoins
sur l'existence de l'opération elle-même. — Ils doivent avoir en outre
un *agenda* ou *carnet*, sur lequel ils inscrivent chaque opération
consommée par eux.

Ils répondent de l'identité des personnes qui traitent par leur
intermédiaire.

Ils ne peuvent faire ni directement ni indirectement aucune
opération commerciale, ni se porter garans de celles qui se font
par leur entremise, à peine de destitution, d'amendes, de dom-
mages et d'être déclarés banqueroutiers frauduleurs en cas de faillite
(85, 86, 87, 89 Com.).

Ils ne peuvent, à peine de concussion, exiger ni recevoir une somme plus forte que celle qui leur est attribuée par le tarif.

Ils fournissent un cautionnement en numéraire qui est spécialement affecté à la garantie des condamnations, qui peuvent être prononcées contre eux, par suite de l'exercice de leurs fonctions.

## § 2.

*Règles spéciales aux Agens de Changes et Courtiers.*

### Nº 1.

*Règles spéciales aux Agens de Changes.*

Ils peuvent seuls négocier les effets publics susceptibles d'être cotés, et en constater le cours (76 Com.).

Ils sont responsables de la livraison et du payement de tous les effets qu'ils vendent ou qu'ils achètent.

Ils garantissent la vérité de la dernière signature; ils sont tenus de garder le secret le plus inviolable aux parties qui ne consentent pas a être nommées.

### Nº 2.

*Règles spéciales aux Courtiers.*

Les courtiers sont comme les agens de changes, des intermédiaires de négociations commerciales. On en distingue de plusieurs sortes : les courtiers de marchandises, les courtiers d'assurances, les courtiers interprètes, et conducteurs de navires, ceux de transport par terre et par eau.

1° Les courtiers de marchandises ont seuls le droit de faire le courtage des marchandises, entre ceux qui ne veulent ou ne peuvent contracter directement, et peuvent seuls en constater le cours. Ils peuvent seuls vendre les marchandises des faillis; ils font le courtage des effets métalliques concurremment avec les agens de change, qui seuls en peuvent constater le cours (78 Com.).

2° Les courtiers d'assurances font seuls le courtage des assurances. Ils peuvent seuls certifier le taux des primes pour tous les voyages de terre et de mer.

Ils donnent par leurs signatures l'authenticité aux polices d'assurances, qu'ils rédigent concurremment avec les notaires (79 Com.);

3° Les courtiers interprètes et conducteurs de navires font seuls le courtage des affrêtemens et nolissemens et en constatent le cours. Ils peuvent seuls traduire les actes de commerce produits en justice, et servir d'interprètes aux étrangers (80 Com.).

4° Les courtiers de transports négocient, dans le lieu où ils sont établis, les entreprises et conventions de ce genre de commerce.

Les trois premières espèces de courtiers peuvent seules cumuler tous les genres de courtages, et les cumulent de droit, dans les villes où il n'y en a que d'une seule espèce (81 Com.). Les courtiers de transport ne peuvent sortir de leur spécialité (82).

## Tit. vii.

## Des Achats et Ventes.

Le législateur ne s'occupe dans ce titre que de la preuve des achats et ventes ; il s'ensuit qu'il se rapporte, quant aux règles de ce contrat, aux dispositions du droit civil.

Les achats et ventes se constatent aujourd'hui par des actes publics, par des actes privés, par le bordereau d'un agent de change ou courtier dûment signé par les parties, par une facture acceptée, par la correspondance, par les livres des parties, par la preuve testimoniale dans le cas où le tribunal croira devoir l'admettre (109 Com.).

---

Cet acte public sera soutenu le 28 mars 1835, dans la séance qui commencera à dix heures et demie du matin.

*Vu par le Président de la Thèse,*

**FERRADOU.**